CONVIÉRTASE EN EL MAESTRO DE SU PRESUPUESTO

Estrategias Simples para Gestionar sus Finanzas Personales

C YK

CONTENIDO

Página del título
Introducción   1
Capítulo 1: Las bases de la gestión financiera   3
Capítulo 2: Cómo establecer un presupuesto realista   17
Capítulo 3: Seguimiento de los gastos y los ingresos   32
Capítulo 4: Herramientas y aplicaciones para la gestión del dinero   50
Capítulo 5: Adoptar un Comportamiento Financiero Positivo   70
Conclusión   81

INTRODUCCIÓN

La gestión financiera personal a menudo se percibe como una tarea intimidante y compleja, reservada para expertos o personas con conocimientos avanzados en economía. Sin embargo, se trata de una habilidad esencial al alcance de todos, que puede transformar nuestra vida diaria y permitirnos alcanzar nuestros objetivos, ya sea la compra de una casa, financiar la educación de nuestros hijos o simplemente vivir con más tranquilidad.

Este guía ha sido diseñada para acompañarte paso a paso en el aprendizaje y dominio de tus finanzas personales. Está dirigida tanto a principiantes como a personas con algunos conocimientos que desean profundizar en ciertos aspectos de la gestión financiera.

Comenzaremos explorando las bases de la gestión financiera para establecer cimientos sólidos. Luego, veremos cómo elaborar un presupuesto realista, primer paso indispensable hacia una gestión controlada de tus finanzas. No basta con establecer un presupuesto; también es necesario aprender a seguirlo rigurosamente. Descubrirás entonces los mejores métodos para rastrear tus gastos e ingresos. Finalmente, abordaremos las herramientas modernas y aplicaciones que pueden facilitarte la vida, porque aunque los principios de la gestión financiera no han cambiado, los medios sí se han modernizado considerablemente.

Este guía pretende ser, ante todo, práctica y accesible. Encontrarás no solo explicaciones teóricas, sino también ejemplos concretos, estudios de casos y consejos prácticos para ayudarte a aplicar inmediatamente lo que has aprendido. Nuestro objetivo es desmitificar la gestión financiera personal y mostrarte que todos pueden tomar el control de sus finanzas y mejorar su situación financiera.

Una de las adiciones notables de este guía es la inclusión de un capítulo dedicado al comportamiento financiero, esencial para dominar y respetar tu presupuesto. Comprender los sesgos conductuales y adoptar hábitos financieros positivos te permitirá mantener un presupuesto equilibrado y tomar decisiones financieras más informadas.

Al tomar el control de tus finanzas, abrirás la puerta a una vida más tranquila y gratificante. ¿Listo para comenzar este viaje hacia una mejor gestión de tus recursos? Toma una gran inspiración, ármate de paciencia y determinación, ¡y embarquémonos juntos en esta apasionante aventura!

CAPÍTULO 1: LAS BASES DE LA GESTIÓN FINANCIERA

1.1 Introducción a la gestión financiera

La gestión financiera personal es una habilidad esencial que influye enormemente en nuestra calidad de vida y bienestar. Consiste en la organización, planificación y manejo de nuestros recursos financieros para tomar decisiones informadas y vivir con seguridad financiera.

Entender la gestión financiera es, primero, reconocer la importancia del orden en nuestras finanzas. Al implementar prácticas estructuradas y reflexivas, no solo podemos evitar los problemas financieros cotidianos, sino también anticipar y planificar para el futuro. Ya sea que tu objetivo sea ahorrar para una compra importante, reducir tus deudas o simplemente controlar mejor tus gastos, una gestión financiera eficaz es clave.

En el corazón de la gestión financiera se encuentran conceptos simples pero poderosos: los ingresos, los gastos, el ahorro y la inversión. Saber cuándo y cómo equilibrar estos elementos es fundamental. La gestión financiera no se limita a saber cuánto ganamos o gastamos cada mes; también abarca cómo prevemos y actuamos para alcanzar nuestros objetivos a corto y largo plazo.

Pero, ¿por qué interesarse en la gestión financiera personal? Porque, simplemente, nos permite vivir la vida que deseamos. Nos ofrece la libertad de tomar decisiones sin estar constantemente estresados por las restricciones financieras. También nos permite construir un futuro sólido, ya sea para nosotros mismos o para nuestros seres queridos.

Además, ser dueño de tus finanzas personales aporta una sensación de satisfacción y logro. A medida que aprendas las bases de la gestión financiera, descubrirás cómo pequeñas acciones diarias pueden llevar a grandes mejoras en tu situación financiera a largo plazo.

Es por eso que este primer capítulo sentará las bases esenciales de la gestión financiera personal. Exploraremos los conceptos y principios fundamentales que te servirán de guía a lo largo de este viaje. También aprenderás cómo establecer objetivos financieros que podrás alcanzar mediante una planificación meticulosa y una disciplina rigurosa.

Toma esta introducción como un primer paso hacia un dominio completo de tus finanzas. Al entender y aplicar las bases que se presentarán, estarás mejor preparado para tomar decisiones informadas y construir la seguridad financiera que te mereces.

1.2 Definiciones clave y conceptos fundamentales

Antes de sumergirte en los detalles de la gestión financiera personal, es importante comprender algunas definiciones clave y conceptos fundamentales. Estas nociones te servirán de base para todas las acciones y decisiones financieras que emprendas.

Ingresos:

Los ingresos constituyen el conjunto de recursos financieros que recibes en un período dado, generalmente por mes. Esto incluye tu salario, posibles ingresos complementarios como primas, asignaciones, intereses sobre inversiones, o ingresos pasivos como alquileres. Entender tus diferentes fuentes de ingresos es esencial para una gestión financiera eficaz.

Gastos:

Los gastos representan el dinero que utilizas para cubrir tus necesidades y deseos. Se dividen principalmente en dos categorías: gastos fijos y gastos variables. Los gastos fijos incluyen el alquiler, los préstamos, los seguros, mientras que los gastos variables abarcan la compra de alimentos, el ocio, la ropa, etc. Rastrear e identificar tus tipos de gastos te ayuda a determinar dónde se pueden hacer ajustes.

Ahorro:

El ahorro es una parte de tus ingresos que reservas con la intención de usarlo más tarde. Puede estar destinado a objetivos específicos a corto plazo (vacaciones, compra de un bien) o a largo plazo (jubilación, fondo de emergencia). Ahorrar regularmente, incluso pequeñas cantidades, puede llevar a una mayor seguridad financiera y a una capacidad para enfrentar imprevistos.

Inversión:

Invertir consiste en utilizar una parte de tus ingresos o ahorros para adquirir activos financieros (acciones, bonos, bienes raíces, etc.) con la esperanza de generar un retorno en el futuro. Las inversiones generalmente implican cierto riesgo, pero también son una forma de hacer crecer tu dinero más rápidamente que si simplemente lo dejaras en una cuenta de ahorro.

Deudas:

Una deuda es una suma de dinero que has tomado prestada y que debes reembolsar, a menudo con intereses. Las deudas pueden ser útiles y necesarias para gastos importantes como la compra de una casa o la financiación de estudios, pero una gestión prudente es crucial para evitar las trampas del endeudamiento excesivo.

Flujo de caja:

El flujo de caja representa la circulación de dinero que entra y sale de tus finanzas personales. Un flujo de caja positivo significa que tus ingresos superan tus gastos, mientras que un flujo de caja negativo apunta a problemas potenciales que requieren ajustes presupuestarios.

Presupuesto:

Un presupuesto es un plan detallado de tus ingresos y gastos en un período determinado. Te permite asignar tus recursos de manera óptima para alcanzar tus objetivos financieros y mantener el control sobre tus finanzas. La presupuestación es una herramienta de gestión indispensable que te ayuda a evitar excesos de gastos y a fomentar el ahorro.

Objetivos financieros:

Los objetivos financieros son las metas que te fijas para el uso de tu dinero. Pueden incluir objetivos a corto plazo como ahorrar para vacaciones o objetivos a largo plazo como preparar tu jubilación. Definir claramente tus objetivos te ayuda a mantenerte enfocado y motivado en tus esfuerzos de gestión financiera.

Al dominar estos conceptos esenciales, sentarás las bases sólidas necesarias para gestionar eficazmente tus finanzas y tomar decisiones informadas. Estos principios te guiarán a lo largo de tu camino hacia una mejor gestión financiera personal.

1.3 Principios básicos de la gestión financiera

La gestión financiera personal se basa en varios principios básicos que todo individuo debe integrar en su rutina financiera. Estos principios sirven de guía para una gestión saludable y eficaz de tus recursos, permitiéndote así mantener la estabilidad y alcanzar tus objetivos financieros.

1. **Vivir por debajo de tus medios:**

Uno de los principios más fundamentales de la gestión financiera es gastar menos de lo que ganas. Esto implica disciplina y conciencia de tus hábitos de consumo. Al adoptar este principio, creas un excedente financiero que puedes utilizar para ahorrar o invertir, apoyando así tus objetivos financieros a largo plazo.

2. **Ahorrar regularmente:**

El ahorro debería ser una prioridad en tu presupuesto mensual. El monto ahorrado puede variar según tus ingresos y gastos, pero lo esencial es hacerlo regularmente. El ahorro automático, donde una parte de tus ingresos se transfiere directamente a una cuenta de ahorros, puede facilitar este hábito.

3. **Evitar las deudas innecesarias:**

Aunque algunas deudas pueden ser necesarias, como un préstamo hipotecario, es crucial evitar las deudas superfluas que pueden acumularse rápidamente y llevar a una situación financiera precaria. Opta por compras al contado siempre que sea posible y sé cauteloso con el uso de tarjetas de crédito.

4. **Planificar para imprevistos:**

Tener un fondo de emergencia es indispensable para enfrentar gastos imprevistos sin perturbar tu presupuesto o provocar un endeudamiento adicional. Un buen fondo de emergencia debería cubrir al menos tres a seis meses de tus gastos corrientes.

5. **Invertir en tu futuro:**

El ahorro por sí solo puede no ser suficiente para asegurar

tu futuro financiero. Las inversiones bien elegidas, ya sean en acciones, bonos o bienes raíces, pueden aumentar tus recursos a largo plazo. Diversificar tus inversiones también es recomendable para reducir los riesgos.

6. Seguir y ajustar tu plan financiero:

Una gestión eficaz de tus finanzas requiere una supervisión continua de tus ingresos y gastos. Al seguir regularmente tu presupuesto y ajustar según las nuevas realidades de tu vida (aumento de ingresos, cambios en gastos, nuevos objetivos), mantienes el control de tu situación financiera.

7. Establecer objetivos financieros claros:

Los objetivos claros y definidos te dan una dirección y motivación para gestionar tus finanzas. Estos objetivos deben ser específicos, medibles, alcanzables, relevantes y con un plazo definido (SMART). Ya sea para la compra de una casa, la preparación de la jubilación o la financiación de los estudios de tus hijos, los objetivos bien definidos facilitan la planificación financiera.

8. Educarse e informarse:

La gestión financiera no es una habilidad estática, evoluciona con el tiempo y las circunstancias. Invertir en tu propia educación financiera, a través de libros, cursos, blogs especializados o asesores financieros, te ayudará a mantenerte informado y a mejorar constantemente tus estrategias financieras.

Al aplicar estos principios básicos, estableces los cimientos de una gestión financiera sólida. Estos principios son los pilares sobre los que se basa una gestión eficaz de tu dinero, protegiéndote de los altibajos financieros y ayudándote a alcanzar tus ambiciones económicas.

1.4 Fijar objetivos financieros: corto plazo vs largo plazo

La fijación de objetivos financieros es un paso crucial en la gestión de tus finanzas personales. Permite dar una dirección clara y motivadora a tus esfuerzos financieros. Para ser eficaces, estos objetivos deben categorizarse según su plazo: corto plazo, medio plazo y largo plazo.

Objetivos a corto plazo:

Los objetivos financieros a corto plazo son aquellos que deseas alcanzar en un lapso de tiempo relativamente corto, generalmente menos de un año. Pueden incluir proyectos como constituir un fondo de emergencia, pagar una deuda de tarjeta de crédito, ahorrar para unas vacaciones o comprar un nuevo electrodoméstico.

Estos objetivos requieren una planificación y ejecución rápida. A menudo necesitan ajustes inmediatos en tu presupuesto para ahorrar el monto necesario en el tiempo estipulado. Establecer estos objetivos te da ganancias rápidas, reforzando tu motivación y hábitos de ahorro.

Objetivos a medio plazo:

Los objetivos financieros a medio plazo abarcan generalmente un período de uno a cinco años. Incluyen proyectos más ambiciosos, como ahorrar para un coche, preparar un fondo para la educación de tus hijos, o planificar una renovación importante de tu casa.

Estos objetivos demandan una estrategia financiera más elaborada y una disciplina continua. Puedes combinar técnicas de ahorro e inversiones de bajo riesgo para alcanzar estos fines. A mitad del plazo, puede ser útil reevaluar tus progresos y ajustar tu plan si es necesario.

Objetivos a largo plazo:

Los objetivos a largo plazo se extienden por un período de cinco años o más. Incluyen proyectos de gran envergadura como la compra de una casa, la preparación de tu jubilación, o la constitución de una cartera de inversión robusta.

Estos objetivos requieren una planificación rigurosa y, a menudo, una combinación de ahorro e inversión a largo plazo. Las acciones, los bonos y los bienes raíces son ejemplos de inversiones adecuadas para alcanzar objetivos a largo plazo. Es crucial reevaluar periódicamente tus progresos y diversificar tus inversiones para minimizar riesgos y maximizar rendimientos.

SMART: Definir tus objetivos

Para maximizar tus posibilidades de éxito, utiliza el método SMART para definir tus objetivos financieros. Deben ser específicos (claramente definidos), medibles (cuantificables), alcanzables (realistas), relevantes (significativos), y con un tiempo definido (con un plazo específico).

Alineación con tu situación financiera:

Asegúrate de que tus objetivos financieros correspondan a tu situación actual y futura esperada. Por ejemplo, si planeas un cambio de carrera, ajusta tus objetivos financieros en consecuencia. Una evaluación honesta de tus ingresos, gastos y prioridades te ayudará a fijar objetivos realistas y alcanzables.

Planificación y reevaluación:

Una vez que has fijado tus objetivos, establece un plan de acción detallado para cada uno de ellos. Esto incluye pasos específicos y la cantidad a ahorrar o invertir regularmente. No olvides reevaluar tus objetivos a intervalos regulares para asegurarte de que siguen siendo pertinentes y alineados con tus aspiraciones y condiciones de vida.

Al fijar objetivos financieros bien definidos y categorizarlos según su plazo, estableces las bases de una gestión financiera proactiva y orientada hacia el logro de tus ambiciones. Estos objetivos sirven de brújula, guiándote en tus decisiones financieras diarias y dándote los medios para construir un futuro financieramente seguro.

1.5 Importancia del ahorro y la inversión

El ahorro y la inversión son pilares esenciales de la gestión financiera personal. Juegan roles complementarios en la construcción de un futuro financiero estable y próspero. Comprender su importancia y saber diferenciarlos es crucial para establecer una estrategia financiera eficaz.

El ahorro: Una seguridad para el futuro

El ahorro consiste en reservar una parte de tus ingresos para necesidades futuras. Es un componente fundamental de cualquier gestión financiera prudente, ya que te permite crear un fondo de emergencia, planificar gastos importantes y protegerte contra imprevistos financieros.

¿Por qué ahorrar?

- **Seguridad financiera:** Un fondo de emergencia constituye un colchón financiero que puede ayudarte a enfrentar situaciones imprevistas como la pérdida de empleo, gastos médicos, o reparaciones urgentes.
- **Objetivos a corto y medio plazo:** El ahorro te permite planificar y financiar proyectos específicos como vacaciones, la compra de un coche nuevo, o renovaciones en el hogar sin recurrir al endeudamiento.
- **Gestión de la tesorería:** Ofrece una flexibilidad financiera al garantizar que siempre tengas liquidez disponible para cubrir tus necesidades básicas y deseos.

¿Cómo maximizar tu ahorro?

- **Automatización:** Configura transferencias automáticas de tu cuenta corriente a tu cuenta de ahorros para asegurar regularidad.
- **Evaluación regular:** Revisa regularmente tu presupuesto y ajusta tus contribuciones a los ahorros según tus objetivos y tu situación financiera.

La inversión: Hacer fructificar tu dinero

La inversión, por su parte, busca utilizar una parte de tu capital para generar un rendimiento en un período dado. A diferencia del ahorro, que a menudo es de bajo riesgo y fácilmente accesible, la inversión conlleva riesgos pero ofrece posibilidades de crecimiento más significativas.

¿Por qué invertir?

- **Crecimiento del capital:** Las inversiones pueden ofrecer rendimientos más altos que las cuentas de ahorro tradicionales, aumentando así el valor de tu dinero con el tiempo.

- **Preparación para la jubilación:** Invertir en planes de jubilación o en diversas carteras de inversión te permite constituir un capital significativo para tus años posteriores al trabajo.

- **Logro de objetivos a largo plazo:** Las inversiones a largo plazo en acciones, bonos o bienes raíces pueden ayudarte a alcanzar objetivos financieros importantes como la compra de una propiedad o la financiación de los estudios de tus hijos.

Estrategias de inversión eficaces:

- **Diversificación:** Distribuye tus inversiones entre diferentes clases de activos para minimizar los riesgos (acciones, bonos, bienes raíces, etc.).

- **Investigación y educación:** Infórmate sobre las diferentes opciones de inversión y consulta a expertos financieros para elaborar una estrategia adaptada a tus objetivos y tu tolerancia al riesgo.

Combinar ahorro e inversión

Para una gestión financiera óptima, el ahorro y la inversión deben funcionar en conjunto. El ahorro ofrece la seguridad necesaria para tus necesidades inmediatas e imprevistos, mientras que la inversión te permite hacer crecer tu patrimonio y alcanzar tus objetivos financieros a largo plazo.

Plan de balance:

- **Corto plazo:** Prioriza la creación de un fondo de emergencia y el ahorro para los objetivos a corto plazo.
- **Largo plazo:** Asigna una parte de tus finanzas a inversiones adaptadas a tus objetivos y tu tolerancia al riesgo.

En resumen, ahorrar e invertir son pasos clave para asegurar una gestión financiera saludable. Mientras que el ahorro te protege contra los imprevistos y las necesidades inmediatas, la inversión te ayuda a construir un futuro financiero sólido y próspero. Al integrar estas prácticas en tu rutina financiera, tomas decisiones informadas que contribuirán a tu estabilidad y crecimiento financiero a largo plazo.

1.6 Comprender y gestionar las deudas

Las deudas son una parte integral de la vida financiera de muchas personas. Bien comprendidas y bien gestionadas, pueden utilizarse como palancas para alcanzar objetivos financieros importantes. Sin embargo, mal gestionadas, pueden convertirse rápidamente en una carga, retrasando el logro de tus objetivos y comprometiendo tu seguridad financiera. La clave reside en una comprensión profunda de las deudas y métodos eficaces para gestionarlas.

Tipos de deudas:

Es esencial distinguir los diferentes tipos de deudas para gestionarlas mejor:

- **Deudas productivas:** Son las deudas contraídas para inversiones que aumentan tu valor patrimonial a largo plazo, como los préstamos hipotecarios o los préstamos estudiantiles. Estas deudas generalmente se consideran "buenas" porque contribuyen al crecimiento de tus activos o tu potencial de ingresos.
- **Deudas no productivas:** Son deudas contraídas para gastos corrientes o compras de bienes de consumo que no generan ingresos futuros, como las deudas de tarjetas de crédito o los préstamos al consumo. Estas deudas deben gestionarse con prudencia porque pueden acumularse rápidamente y volverse costosas.

¿Por qué gestionar tus deudas?

Una gestión prudente de las deudas es crucial para mantener tu salud financiera. Las deudas no controladas pueden llevar a altos intereses, cargos por demora, e incluso repercusiones en tu puntaje de crédito. Sin embargo, una gestión estratégica de las deudas puede mejorar tu poder adquisitivo y apoyar tus proyectos de inversión.

Estrategias de gestión de las deudas:
1. **Crea un plan de reembolso:**
   - **Inventaría tus deudas:** Lista todas tus deudas con sus montos, tasas de interés y fechas de vencimiento.
   - **Prioriza los reembolsos:** Concéntrate primero en las deudas con las tasas de interés más altas. Otra enfoque es el método de la "bola de nieve" donde primero reembolsas las deudas más pequeñas para obtener una sensación de logro y una motivación adicional.
2. **Negocia con tus acreedores:**
   - Si tienes dificultades para reembolsar, contacta a tus acreedores para negociar condiciones de reembolso más favorables. Esto puede incluir una tasa de interés reducida, una extensión del período de reembolso o un plan de pago ajustado.
3. **Consolida tus deudas:**
   - Agrupar varias deudas en una sola deuda a una tasa de interés más baja puede simplificar la gestión y reducir el costo total de los intereses. Sin embargo, es crucial entender bien las condiciones de consolidación para evitar prolongar innecesariamente la duración del reembolso.
4. **Sigue tu presupuesto:**
   - Mantener un presupuesto estricto es importante para asignar adecuadamente una parte de tus ingresos al reembolso de tus deudas mientras cubres tus gastos corrientes. Utiliza herramientas de seguimiento financiero para mantenerte en línea con tus objetivos de reembolso.
5. **Evita acumular nuevas deudas:**
   - Adopta hábitos de consumo responsables y evita utilizar créditos para compras innecesarias. Si es posible, paga en efectivo o con débito para mantener el control sobre tus

gastos.

6. **Edúcate:**
   - Infórmate sobre las implicaciones legales y financieras de tus deudas. Entender los contratos de préstamo, las tasas de interés y las penalidades por demora te evitará sorpresas desagradables y errores costosos.

El impacto de la gestión de las deudas en tu bienestar financiero:

Una gestión eficaz de las deudas te permite reducir el estrés financiero, mejorar tu puntaje de crédito y liberar recursos financieros para otros objetivos como el ahorro y la inversión. Esto también contribuye a una mejor estabilidad financiera y a una capacidad aumentada para enfrentar imprevistos.

En conclusión, aunque inevitables para muchos, las deudas no tienen que ser una fuente constante de estrés. Con una gestión prudente y estrategias bien pensadas, puedes usar las deudas a tu favor, construir una base financiera sólida y progresar hacia tus objetivos económicos de manera sostenida y fiable.

CAPÍTULO 2: CÓMO ESTABLECER UN PRESUPUESTO REALISTA

Después de sentar las bases de la gestión financiera, es hora de pasar al siguiente paso: establecer un presupuesto realista. Este capítulo te guiará a través de los pasos necesarios para crear un presupuesto que refleje fielmente tus ingresos y gastos, ayudándote así a controlar mejor tus finanzas y alcanzar tus objetivos financieros.

2.1 Importancia del presupuesto

Elaborar un presupuesto es un paso crucial en la gestión financiera personal. Un presupuesto claro y bien estructurado te permite tomar el control de tus finanzas, planificar tus gastos y alcanzar tus objetivos financieros. Ofrece un marco para organizar tus recursos y asegura un uso juicioso de tus ingresos.

Control financiero:

Un presupuesto permite saber exactamente a dónde va tu dinero cada mes. Al tener una visión clara de tus ingresos y salidas financieras, puedes identificar los hábitos de gastos superfluos y ajustarlos. Esto te ayuda a evitar desbordamientos financieros y a mantener un equilibrio entre tus ingresos y tus gastos.

Reducción del estrés financiero:

Al establecer un presupuesto, puedes prever y planificar tus gastos, reduciendo así la incertidumbre y el estrés asociados con la gestión de las finanzas personales. Un presupuesto te da tranquilidad al asegurarte de que todas tus obligaciones financieras, como el alquiler y las facturas, serán cubiertas.

Logro de objetivos financieros:

Un presupuesto bien elaborado te ayuda a asignar recursos específicos para tus objetivos financieros. Ya sea que desees ahorrar para un viaje, pagar una deuda o invertir, un presupuesto te permite planificar estos objetivos de manera realista y seguir tus progresos.

Preparación para imprevistos:

Tener un presupuesto también te permite reservar fondos para gastos imprevistos. Al destinar una parte de tus ingresos a un fondo de emergencia, estarás mejor preparado para manejar sorpresas financieras sin comprometer tus otros objetivos financieros.

Optimización de recursos:

Gracias a un presupuesto, puedes optimizar el uso de tus recursos financieros. En lugar de adivinar cuánto puedes gastar, tienes directrices claras que te ayudan a maximizar cada euro ganado. Esto es crucial para evitar desperdicios y para la satisfacción de invertir de manera inteligente.

Refuerzo de la disciplina financiera:

Establecer y seguir un presupuesto requiere disciplina, pero aporta muchos beneficios a largo plazo. Esta disciplina se traduce en una mejor gestión de los hábitos de consumo, lo que te permite tomar decisiones financieras más prudentes y acertadas.

En resumen, la importancia de un presupuesto no puede subestimarse. Es la herramienta básica que respalda todas tus decisiones financieras y asegura la estabilidad y el crecimiento de tu situación financiera. Un presupuesto bien pensado y actualizado regularmente es la clave para alcanzar tus objetivos financieros y vivir de manera más tranquila y estructurada.

2.2 Pasos para establecer un presupuesto

Establecer un presupuesto realista y eficaz implica seguir varios pasos clave. Estos pasos te guiarán para organizar tus finanzas, seguir tus gastos y maximizar tu potencial de ahorro e inversión.

1. Recolección de información financiera:

Comienza por recopilar toda la información sobre tus ingresos y gastos. Esto incluye:

- **Ingresos:** Salario, ingresos complementarios, ingresos pasivos (alquileres, intereses), asignaciones, etc.
- **Gastos fijos:** Alquiler o hipoteca, seguros, suscripciones, pagos de préstamos.
- **Gastos variables:** Comida, transporte, ocio, ropa.
- **Gastos ocasionales:** Reparaciones, regalos, gastos médicos.

2. Cálculo de ingresos y gastos:

Determina tu ingreso mensual total sumando todas las fuentes de ingresos. Del mismo modo, suma tus gastos fijos, variables y ocasionales para obtener tus gastos mensuales totales. Este paso te permite tener una visión general precisa de tu situación financiera.

3. Establecimiento de categorías presupuestarias:

Divide tus gastos en categorías distintas para gestionarlos mejor. Las categorías pueden incluir:

- **Necesidades:** Alquiler/hipoteca, alimentación, transporte, servicios públicos.
- **Ahorro e inversión:** Fondo de emergencia, ahorro para la jubilación, inversiones diversas.
- **Deseos:** Ocio, salidas, viajes, compras.

Esta segmentación permite identificar las áreas donde se pueden hacer ajustes para optimizar los gastos.

4. Fijación de límites de gastos:

Asigna una cantidad específica a cada categoría de gastos según tus prioridades y objetivos financieros. Asegúrate de que el total de todas las categorías no exceda tu ingreso mensual disponible. Este paso te ayuda a mantenerte dentro de los límites de tu presupuesto.

5. Implementación del presupuesto:

Crea un documento o utiliza una aplicación de gestión financiera para estructurar tu presupuesto. Anota las cantidades asignadas a cada categoría y las fechas de revisión. Esto te da una hoja de ruta clara para seguir tus gastos y tus progresos.

6. Seguimiento de gastos:

Registra todos tus gastos diarios y asígnalos a las categorías correspondientes. Esto puede hacerse manualmente en un diario, a través de una hoja de cálculo, o usando una aplicación de seguimiento de gastos. El seguimiento regular es esencial para mantenerse alineado con tu presupuesto e identificar rápidamente las desviaciones.

7. Reevaluación y ajuste:

Al final de cada mes, compara tus gastos reales con los previstos en tu presupuesto. Analiza las desviaciones para entender dónde son necesarios los ajustes. Esto puede incluir reducciones en algunas categorías o aumentos en otras según tus necesidades y prioridades.

8. Revisión periódica:

Un presupuesto no es fijo; debe evolucionar con tu situación financiera. Revisa tu presupuesto periódicamente — al menos cada seis meses — para ajustar las cantidades según los cambios en tus ingresos, tus gastos o tus objetivos financieros.

Siguiendo estos pasos, elaborarás un presupuesto que no solo es realista sino también flexible, reflejando tus necesidades actuales y ayudando a planificar para el futuro. Bien realizado, un presupuesto actúa como una brújula financiera, guiando tus decisiones económicas y asegurando tu progreso hacia una mejor estabilidad y prosperidad financiera.

2.3 Métodos de presupuestación

Existen varios métodos de presupuestación que puedes adoptar según tus preferencias, tu situación financiera y tus objetivos. Cada uno de estos métodos tiene sus ventajas y puede adaptarse a diferentes estilos de gestión financiera.

1. Método 50/30/20:

Este método divide tus ingresos después de impuestos en tres grandes categorías:

- **50% para necesidades:** Son los gastos esenciales, como vivienda, alimentación, servicios públicos y transporte.
- **30% para deseos:** Estos gastos incluyen ocio, salidas, compras y otros placeres personales.
- **20% para ahorro y pago de deudas:** Incluye el ahorro para emergencias, las inversiones y el pago de deudas.

Este método simple y flexible facilita la gestión de las finanzas al asegurar un equilibrio entre las necesidades, los deseos y el ahorro.

2. Método de presupuestación cero:

La presupuestación cero significa asignar cada euro que ganas a una categoría específica hasta que tengas "cero" euros al final del mes. Esto incluye todos los gastos, el ahorro y el pago de deudas. Cada euro tiene una misión:

Ingresos - Gastos - Ahorro = Cero

Este método exige una planificación meticulosa y un seguimiento riguroso, pero permite maximizar la eficacia de cada euro ganado.

3. Método de presupuestación por sobres:

Este método consiste en asignar dinero en efectivo a diferentes sobres que representan categorías de gastos como comida, ocio o ropa. Una vez agotado el dinero de un sobre, no se pueden hacer más gastos en esa categoría hasta el mes siguiente:

- **Sobres físicos o digitales:** Las aplicaciones pueden

reemplazar los sobres físicos para quienes prefieren lo digital.

Este método ayuda a limitar los gastos impulsivos y fomenta una disciplina estricta en la gestión de los gastos.

4. Método del ingreso fijo (Pay Yourself First):

Este método consiste en priorizar el ahorro antes que los gastos. Asignas primero una porción de tus ingresos a tu ahorro y a tus inversiones, y luego utilizas el resto para tus gastos necesarios y discrecionales:

- **Ahorros e inversiones automáticos:** Automatiza estos transferencias para garantizar la constancia.
- **Resto para gastos:** El resto de tus ingresos se utiliza para tus gastos diarios.

Este método fomenta una disciplina de ahorro eficaz y garantiza que el ahorro no se deje para el final del mes, después de los gastos.

5. Método de presupuestación tradicional:

Aquí, defines una cantidad fija para cada categoría de gastos al principio del mes. Este método es el más detallado y requiere una planificación profunda de cada gasto:

- **Categorización detallada:** Alimentos, vivienda, transporte, ahorro, ocio, etc.
- **Seguimiento riguroso:** Comparación regular de los gastos reales con las cantidades presupuestadas.

Este método es adecuado especialmente para quienes gustan de la precisión y el control detallado sobre sus finanzas.

6. Método de rodaje o rollover:

Con este método, los fondos no gastados en una categoría al final del mes se trasladan al mes siguiente. Esto crea una flexibilidad financiera y permite ahorrar en ciertas categorías para prepararse para gastos mayores en el futuro:

- **Rollover positivo:** Lo no gastado este mes puede usarse más tarde.

- **Rollover negativo:** Los excesos se cubren con el traslado de los ahorros futuros.

7. Método de necesidades y deseos (Needs vs Wants):

Este método consiste en distinguir rigurosamente entre las necesidades y los deseos. Al priorizar tus necesidades y luego asignar una porción de tus ingresos a los deseos, aseguras que los gastos esenciales siempre se cubran primero.

Cada método presenta ventajas específicas y puede elegirse según tus hábitos financieros y tus objetivos a largo plazo. Lo importante es encontrar un método que se ajuste a tu estilo de vida y que te ayude a alcanzar tus objetivos financieros de manera rigurosa y práctica.

2.4 Ejemplo práctico de tabla de presupuesto

Para ilustrar cómo establecer un presupuesto, vamos a presentar un ejemplo práctico de tabla de presupuesto mensual. Esta tabla te permitirá visualizar cómo organizar tus ingresos y gastos para maximizar tu eficacia financiera.

Tabla de presupuesto mensual

Ingresos:

Categoría	Monto (€)
Salario principal	2500
Ingresos complementarios	500
Ingresos pasivos	200
Total de ingresos	**3200**

Gastos:

Gastos fijos:

Categoría	Monto (€)
Alquiler/Hipoteca	800
Seguro de vivienda	50
Seguro de coche	70
Servicios públicos	150
Teléfono/Internet	60
Préstamo estudiantil	200
Total de gastos fijos	**1330**

Gastos variables:

Categoría	Monto (€)
Comida	300
Transporte (gasolina, etc.)	100
Entretenimiento	150

Restaurantes	100
Ropa	100
Salud y bienestar	50
Otros	100
Total de gastos variables	**900**

Gastos ocasionales:

Categoría	Monto (€)
Reparaciones de coche	100
Regalos	50
Gastos médicos	50
Total de gastos ocasionales	**200**

Ahorro e inversiones:

Categoría	Monto (€)
Fondo de emergencia	200
Ahorro para la jubilación	200
Inversiones	200
Total de ahorro e inversiones	**600**

Resumen:

Categoría	Monto (€)
Total de ingresos	3200
Total de gastos	2430
Total de ahorro e inversiones	600
Saldo disponible	170

Análisis de la tabla

Esta tabla de presupuesto presenta una distribución detallada de los ingresos y gastos en un mes. Los gastos se dividen claramente en fijos, variables y ocasionales para una mejor gestión y ajuste. La tabla también destaca la importancia del ahorro y las inversiones al asignar una porción significativa de los ingresos a estas categorías cruciales.

Ajustes posibles

Después de seguir este modelo durante unos meses, analiza tus gastos reales en comparación con tu presupuesto previsto. Ajusta los montos según tus prioridades y objetivos financieros:

- **Aumentar el ahorro:** Si encuentras áreas donde puedes reducir costos, asigna esos ahorros a tu fondo de emergencia o a tus inversiones para fortalecer tu seguridad financiera.
- **Reducir los gastos variables:** Identifica las categorías donde los gastos pueden dispararse, como el entretenimiento o los restaurantes, y establece límites más estrictos.

Este ejemplo práctico de tabla de presupuesto te ofrece una base sólida para estructurar y seguir tus finanzas. Al personalizar este modelo según tu situación única, estarás mejor equipado para gestionar tus recursos y alcanzar tus objetivos financieros de manera eficaz.

2.5 Seguir y ajustar el presupuesto

Establecer un presupuesto es solo el primer paso; seguirlo y ajustarlo regularmente es esencial para garantizar una gestión financiera eficaz y alcanzar tus objetivos. Aquí están los pasos clave para el seguimiento y ajuste de tu presupuesto.

1. Seguimiento diario y semanal:

Para mantener el control de tus finanzas, es crucial seguir tus gastos diariamente o, al menos, cada semana. Esto te permite identificar rápidamente las desviaciones y tomar medidas correctivas inmediatas:

- **Registra cada gasto:** Anota cada gasto, por pequeño que sea, tan pronto como ocurra. Puedes usar aplicaciones de gestión financiera, hojas de cálculo o un cuaderno de notas.
- **Clasifica los gastos:** Clasifica cada gasto en sus categorías presupuestarias respectivas (comida, transporte, ocio, etc.).

2. Análisis mensual:

Al final de cada mes, compara tus gastos reales con los previstos en tu presupuesto. Esto te ayuda a entender dónde destacas y dónde son necesarios los ajustes:

- **Informe de desviaciones:** Identifica las desviaciones entre los gastos presupuestados y los reales. Nota las categorías donde has superado el presupuesto y aquellas donde has gastado menos de lo previsto.
- **Evaluación de rendimiento:** Analiza las razones de las desviaciones. ¿Hubo gastos inesperados o cambios en tus ingresos? Esta información te proporciona indicios sobre los hábitos financieros que debes ajustar.

3. Ajuste del presupuesto:

Basándote en tu análisis mensual, ajusta tu presupuesto para el mes siguiente. Los ajustes pueden incluir:

- **Aumento o reducción de los montos asignados:** Si algunas categorías siempre superan el presupuesto, puedes reevaluar estos montos. Por el contrario, las categorías donde gastas menos pueden ver sus asignaciones reducidas.
- **Revisión de prioridades:** Si tus objetivos financieros cambian o si ocurren eventos imprevistos (nuevo gasto fijo, cambio de ingreso), adapta tu presupuesto en consecuencia.

4. Herramientas y tecnologías:

Utiliza herramientas digitales para un seguimiento preciso y simplificado:

- **Aplicaciones de gestión financiera:** Aplicaciones como Mint, YNAB (You Need a Budget) y PocketGuard ayudan a automatizar el seguimiento de gastos y proporcionan análisis en tiempo real.
- **Hojas de cálculo:** Hojas de cálculo personalizadas en Excel o Google Sheets también pueden usarse para un seguimiento detallado y ajustable según tus necesidades.

5. Reunión presupuestaria mensual:

Organiza una "reunión presupuestaria" mensual, solo o en familia si compartes las finanzas, para discutir el estado del presupuesto. Es un momento dedicado para revisar el rendimiento del mes pasado, ajustar las categorías y planificar el mes siguiente:

- **Discute los éxitos y desafíos:** ¿Qué funcionó bien? ¿Qué lecciones se pueden aprender de las desviaciones?
- **Planifica los ajustes:** Define juntos los ajustes necesarios y asegúrate de que todos los miembros de la familia estén alineados con los objetivos presupuestarios.

6. Flexibilidad y adaptaciones:

Sé flexible y prepárate para adaptar tu presupuesto en función de imprevistos o cambios en tu situación personal y profesional:

- **Cambios de ingreso:** Ajusta rápidamente tu presupuesto en caso de un cambio significativo de ingreso para evitar déficits y reasignar los recursos eficazmente.
- **Eventos imprevistos:** Prepárate para revisar tu presupuesto en caso de gastos imprevistos importantes o cambios en tus perspectivas financieras.

7. Educación continua:

Sigue informándote sobre las mejores prácticas de gestión presupuestaria y ajusta tus métodos en consecuencia. Participar en talleres financieros, leer artículos especializados y consultar a expertos puede enriquecer tus estrategias de seguimiento y ajuste del presupuesto.

Siguiendo estos pasos sistemáticamente, podrás mantener un control estricto sobre tus finanzas, ajustar tus planes en función de tus progresos y desafíos, y alcanzar tus objetivos financieros con más precisión y eficacia. La constancia y la rigurosidad en el seguimiento y ajuste de tu presupuesto son esenciales para una gestión financiera duradera y exitosa.

CAPÍTULO 3: SEGUIMIENTO DE LOS GASTOS Y LOS INGRESOS

Con un presupuesto en marcha, es crucial seguir de cerca tus gastos e ingresos para mantenerte en el camino correcto. Este capítulo se enfoca en las técnicas y herramientas de seguimiento financiero, permitiéndote analizar tus hábitos de gasto, detectar desviaciones del presupuesto y ajustar tus planes en consecuencia.

3.1 Importancia del seguimiento de las finanzas

El seguimiento atento de tus finanzas es un aspecto fundamental de la gestión financiera personal. No se trata solo de saber cuánto dinero tienes, sino de entender cómo y por qué lo gastas. Esto te permite tomar decisiones informadas, prevenir problemas financieros y alcanzar tus objetivos económicos.

Claridad y transparencia financiera:

El seguimiento de las finanzas ofrece una visión clara y detallada de tus ingresos y gastos. Esta transparencia es crucial para saber a dónde va realmente tu dinero. Sin un seguimiento preciso, es fácil subestimar ciertos gastos, lo que puede llevar a desviaciones presupuestarias importantes.

Predicción y planificación:

Seguir tus finanzas te permite prever los flujos de caja futuros. Al comprender tus hábitos de gasto e ingreso, puedes anticipar los períodos de escasez de efectivo y planificar en consecuencia. Esto te ayuda a evitar sorpresas financieras y a establecer reservas para los gastos imprevistos.

Identificación de hábitos de gasto:

El seguimiento de las finanzas te ayuda a identificar tus hábitos de gasto. Esto incluye las categorías donde gastas más, los gastos impulsivos o recurrentes, y las áreas donde puedes reducir tus costos. Conocer estos hábitos es el primer paso para hacer cambios positivos en tu comportamiento financiero.

Prevención del endeudamiento:

Un seguimiento regular de tus finanzas te ayuda a evitar la acumulación de deudas innecesarias. Al mantener un ojo en tus gastos y saldos de crédito, puedes tomar medidas correctivas antes de que se conviertan en un problema. Esto incluye el reembolso de deudas existentes y la evitación de nuevas.

Evaluación del logro de objetivos:

Seguir tus finanzas también te permite medir tus progresos hacia tus objetivos financieros. Ya sea el ahorro para un viaje, la compra de una casa o la constitución de un fondo de jubilación, el seguimiento financiero te da puntos de referencia para evaluar si estás en el buen camino o si son necesarios ajustes.

Mejora de la toma de decisiones:

Disponer de información financiera precisa y actualizada mejora la calidad de tus decisiones económicas. Puedes decidir cuánto ahorrar, dónde invertir o si puedes permitirte ciertos gastos basándote en datos reales en lugar de aproximaciones.

Reducción del estrés:

La incertidumbre financiera es a menudo una fuente importante de estrés. Al seguir tus finanzas, obtienes un control y una seguridad que reducen la ansiedad relacionada con el dinero. Sabes exactamente dónde estás, lo que favorece la tranquilidad.

Optimización fiscal:

El seguimiento meticuloso de las finanzas facilita también la preparación y planificación fiscal. Puedes identificar las deducciones y créditos disponibles, organizar tus documentos financieros y evitar las penalizaciones por retraso gracias a una gestión proactiva y bien informada.

Adaptación a los cambios:

La vida está llena de cambios: cambio de empleo, matrimonio, nacimiento, o compra de una casa. Al seguir de cerca tus finanzas, puedes ajustar rápidamente tu presupuesto y tus estrategias en función de estas nuevas circunstancias, garantizando así una estabilidad financiera continua.

En conclusión, el seguimiento de las finanzas no es una tarea secundaria; es una actividad indispensable para una gestión financiera exitosa. Al comprometerte a seguir tus ingresos y gastos con rigor, estableces las bases para una estabilidad financiera duradera, mejoras tu capacidad para alcanzar tus objetivos y reduces el estrés relacionado con las incertidumbres económicas.

3.2 Herramientas para el seguimiento de los gastos y los ingresos

Para seguir eficazmente tus finanzas, es esencial utilizar las herramientas adecuadas. Estas herramientas pueden simplificar enormemente el proceso, proporcionar información precisa y ayudarte a tomar mejores decisiones financieras. Aquí se presenta una visión general de los principales tipos de herramientas disponibles para el seguimiento de los gastos y los ingresos.

1. Herramientas tradicionales:

Cuadernos de cuentas: Utilizar un cuaderno para registrar tus gastos e ingresos sigue siendo un método simple y efectivo. Puedes anotar cada transacción diaria y calcular manualmente los totales para diferentes períodos. Este método es ideal para quienes prefieren un enfoque táctil y visual.

Hojas de cálculo Excel: Las hojas de cálculo como Excel ofrecen una mayor flexibilidad para el seguimiento financiero. Puedes crear tablas personalizadas para registrar tus ingresos, tus gastos y hacer cálculos automáticos. Excel también permite generar gráficos que ofrecen una visión clara de tu situación financiera.

2. Aplicaciones móviles y en línea:

Mint: Mint es una aplicación popular que centraliza tus cuentas bancarias, tus tarjetas de crédito, tus facturas y tus inversiones en un solo lugar. Categoriza automáticamente tus transacciones, te permite fijar presupuestos y ofrece alertas para los excesos de presupuesto o los pagos de facturas próximos.

You Need A Budget (YNAB): YNAB es una aplicación centrada en la asignación proactiva de los ingresos. Ayuda a los usuarios a planificar cada dólar ganado, a seguir los gastos en tiempo real y a tomar decisiones financieras informadas. YNAB también se enfoca en la gestión de deudas y el ahorro de emergencia.

PocketGuard: PocketGuard simplifica el seguimiento de las finanzas conectando tus cuentas bancarias y categorizando tus gastos automáticamente. Muestra cuánto dinero te queda después de cubrir tus necesidades, tus facturas y tus objetivos de ahorro. Es una excelente herramienta para evitar los gastos excesivos.

3. Software de gestión financiera:

Quicken: Quicken es un software de gestión financiera completo que ofrece funciones avanzadas para el seguimiento de los gastos, la presupuestación y la gestión de inversiones. Permite supervisar tus finanzas desde tu computadora, con informes detallados y cálculos automáticos para facilitar la toma de decisiones.

Moneydance: Moneydance combina simplicidad y funciones potentes para el seguimiento de las finanzas. Soporta cuentas bancarias en línea, planificación presupuestaria y análisis de gastos. Sus gráficos interactivos facilitan la evaluación de tu situación financiera.

4. Herramientas bancarias:

Aplicaciones bancarias: Casi todos los bancos ofrecen aplicaciones móviles que permiten seguir los saldos de cuenta, verificar el historial de transacciones y, en algunos casos, clasificar los gastos. Algunas aplicaciones incluyen funciones de presupuestación y alertas para transacciones importantes.

Portales en línea: Los portales en línea de los bancos permiten un acceso fácil y seguro a tus datos financieros. Ofrecen funciones como la gestión de facturas, la visualización de gastos por categoría y la exportación de datos para análisis más profundos.

5. Envoltorios digitales:

Goodbudget: Goodbudget es una aplicación basada en el método tradicional de los sobres. Permite dividir tu ingreso en categorías de sobres digitales para seguir los gastos y evitar excesos. Es una excelente manera para aquellos que prefieren un enfoque visual y segmentado de la gestión de las finanzas.

Mvelopes: Similar a Goodbudget, Mvelopes también utiliza la técnica de presupuestación por sobres. Con funciones robustas para el seguimiento de los gastos y la planificación presupuestaria, esta aplicación ayuda a mantener la disciplina financiera y a alcanzar tus objetivos de manera organizada.

6. Herramientas especializadas:

Spendee: Spendee ofrece una interfaz fácil de usar para registrar y analizar los gastos. Permite crear carteras compartidas, ideal para familias o compañeros de habitación que desean seguir las finanzas comunes. Los gráficos y las infografías hacen que el análisis de los gastos sea intuitivo.

Expensify: Principalmente utilizado para los gastos profesionales, Expensify también es útil para los gastos personales. Permite escanear recibos, seguir los kilómetros recorridos por negocios y generar informes de gastos detallados.

Al utilizar estas variadas herramientas de seguimiento de los gastos y los ingresos, puedes encontrar la que mejor se adapte a tus hábitos y necesidades financieras. La elección de la herramienta es solo una parte de la ecuación; es crucial utilizarla de manera regular y sistemática para obtener el máximo beneficio de tus esfuerzos de seguimiento financiero.

3.3 Técnicas de seguimiento financiero

Para seguir eficazmente tus finanzas, es crucial adoptar técnicas adaptadas a tus necesidades y estilo de vida. Aquí se presentan algunas de las técnicas de seguimiento financiero más efectivas que te ayudarán a mantener el control sobre tus ingresos y gastos.

1. Registro diario de gastos:

Esta técnica consiste en registrar cada gasto tan pronto como ocurra. Al anotar inmediatamente tus compras y pagos, mantienes un seguimiento preciso y actualizado de tus salidas de dinero.

- **Aplicación móvil o cuaderno:** Usa una aplicación móvil dedicada para simplificar la entrada de datos, o un cuaderno para quienes prefieren el soporte en papel.
- **Categorías de gastos:** Clasifica cada gasto según categorías predeterminadas para un análisis fácil y rápido al final del mes.

2. Revisión semanal:

Reúne tus transacciones financieras una vez por semana para tener una visión general más frecuente de tus finanzas. Esta técnica ayuda a identificar rápidamente las irregularidades y a hacer ajustes en tiempo real.

- **Sincronización de cuentas:** Conecta tus cuentas bancarias a una aplicación de seguimiento para automatizar la recopilación de datos.
- **Análisis de gastos:** Revisa tus transacciones semanales e identifica las categorías donde has gastado más o menos de lo previsto.

3. Registro automático:

Automatiza el proceso de seguimiento usando aplicaciones y herramientas bancarias que registran y categorizan automáticamente tus transacciones.

- **Bancos y aplicaciones:** Opta por bancos que ofrezcan funciones de seguimiento integradas y aplicaciones que sincronicen directamente tu información financiera.
- **Alertas y notificaciones:** Configura alertas para ser informado de transacciones importantes o de excesos en los límites presupuestarios.

4. Comparación de extractos bancarios:

Realiza una comparación sistemática entre tus extractos bancarios y tus registros de gastos para garantizar la exactitud de los datos.

- **Mensual o semanal:** Según tu preferencia, puedes hacerlo cada mes o cada semana.
- **Corrección de errores:** Corrige inmediatamente cualquier error o transacción sospechosa detectada durante la comparación.

5. Uso de gráficos y paneles de control:

Visualizar tus finanzas en forma de gráficos y paneles de control puede hacer que el análisis sea más intuitivo y rápido.

- **Aplicaciones financieras:** Usa aplicaciones que proporcionen visualizaciones gráficas de tus datos financieros.
- **Paneles de control personalizados:** Crea tus propios paneles de control en hojas de cálculo como Excel o Google Sheets para seguir los indicadores financieros importantes.

6. Método de los sobres:

Asigna una cantidad específica para cada categoría de gasto usando sobres físicos o digitales. Esta técnica limita los gastos impulsivos obligándote a respetar los límites definidos para cada categoría.

- **Sobres digitales:** Usa aplicaciones que simulen sobres presupuestarios para seguir fácilmente tus gastos.
- **Sobres físicos:** Prepara sobres reales con dinero

reservado para cada categoría de presupuesto.

7. Método de doble entrada:

Adopta un sistema de contabilidad de doble entrada donde cada transacción se registra dos veces: una vez para el débito (gasto) y una vez para el crédito (ingreso o reducción de una deuda).

- **Aplicaciones contables:** Usa software específicamente diseñado para la contabilidad personal, que ofrezca funciones de doble entrada.
- **Libros contables:** Para quienes prefieren un enfoque manual, lleva un diario de doble entrada en un libro de cuentas dedicado.

8. Seguimiento de los objetivos financieros:

Fija objetivos financieros precisos y sigue regularmente tus progresos.

- **Segmentos de objetivos:** Divide tus objetivos en segmentos más pequeños y rastreables para medir tu avance de manera más detallada y regular.
- **Revisiones regulares:** Planifica sesiones de revisión regulares para evaluar tus progresos y ajustar tus objetivos o estrategias si es necesario.

9. Grupos de apoyo financiero:

Unirse o crear grupos de apoyo donde los miembros compartan sus progresos financieros, desafíos y consejos puede tener ventajas en términos de motivación e información.

- **Compartir experiencias:** Las reuniones regulares ofrecen una plataforma para discutir las mejores prácticas y obtener retroalimentación constructiva.
- **Responsabilidad compartida:** El hecho de rendir cuentas de tus progresos ante un grupo puede reforzar tu compromiso de seguir y dominar tus finanzas.

10. Auditoría financiera personal:

Realiza auditorías financieras personales periódicas para evaluar la eficacia de tus técnicas de seguimiento y gestión.

- **Análisis en profundidad:** Examina tus ingresos, gastos, deudas e inversiones para obtener una vista global de tu situación financiera.
- **Informe de auditoría:** Crea un informe de auditoría personal que resuma tus observaciones y las acciones correctivas a tomar.

Al emplear estas técnicas de seguimiento financiero de manera consistente, tendrás una vista clara y precisa de tu situación financiera, permitiéndote tomar decisiones informadas y mantenerte en el camino hacia el logro de tus objetivos financieros.

3.4 Análisis e interpretación de datos financieros

Analizar e interpretar los datos financieros es un paso crucial para entender tus hábitos financieros, identificar áreas de mejora y tomar decisiones informadas. Esto permite transformar la información en bruto en estrategias efectivas y acciones concretas para mejorar tu situación financiera.

Identificación de tendencias:

El análisis de datos financieros ayuda a discernir tendencias y patrones en tus ingresos y gastos:

- **Gastos recurrentes:** Identifica las categorías donde tus gastos son sistemáticamente elevados. Esto puede incluir las facturas mensuales recurrentes o los gastos variables como el ocio.
- **Variaciones de ingresos:** Detecta ciclos o variaciones estacionales en tus ingresos, como primas anuales o ingresos ocasionales.

Comparación con el presupuesto:

Comparar tus gastos y tus ingresos reales con el presupuesto inicialmente previsto es esencial para medir la precisión de tus previsiones y la eficacia de tu gestión:

- **Desviaciones presupuestarias:** Analiza las desviaciones entre el presupuesto previsto y los gastos reales. Una desviación importante puede indicar errores de previsión o gastos imprevistos.
- **Reajuste de categorías:** Utiliza estos datos comparativos para reajustar los montos asignados a cada categoría de gastos en tu presupuesto futuro.

Análisis de gastos por categoría:

Dividir los gastos por categoría permite entender dónde y cómo se gasta tu dinero:

- **Porcentaje de gastos:** Calcula el porcentaje de tus

ingresos gastado en cada categoría para identificar las áreas que pueden reducirse.

- **Priorización de recortes:** Si son necesarios recortes, prioriza los recortes en las categorías de gastos no esenciales.

Evaluación de ratios financieros:

Los ratios financieros son indicadores importantes de tu salud financiera global:

- **Tasa de ahorro:** El porcentaje de tus ingresos ahorrado cada mes. Una tasa de ahorro baja puede indicar la necesidad de aumentar el ahorro o reducir los gastos.
- **Ratio deudas/ingresos:** El monto total de tus deudas dividido por tus ingresos. Un ratio elevado sugiere una reevaluación del enfoque de reembolso de la deuda para evitar problemas de sobreendeudamiento.

Seguimiento de objetivos financieros:

Utiliza tus datos para evaluar tus progresos hacia tus objetivos financieros a corto y largo plazo:

- **Progresos respecto a los objetivos:** Compara tus ahorros actuales, tus reembolsos de deudas y tus inversiones con los objetivos fijados. Ajusta tus estrategias según los resultados obtenidos.
- **Fechas objetivo:** Mide cuánto has alcanzado en relación con los plazos que te has fijado. Los retrasos pueden requerir un ajuste de los montos de ahorro o de los gastos.

Análisis de liquidez:

Asegúrate de que tu flujo de caja sea suficiente para cubrir tus gastos corrientes e imprevistos:

- **Saldo de caja:** Compara regularmente tu saldo de caja con el mínimo necesario para tus gastos mensuales y tu fondo de emergencia.
- **Previsión de caja:** Proyecta tus entradas y salidas

de fondos para identificar períodos potenciales de tensiones de caja.

Evaluación de inversiones:

El análisis del rendimiento de tus inversiones te ayuda a determinar si estás en el buen camino para alcanzar tus objetivos a largo plazo:

- **Rendimiento de inversiones:** Calcula el retorno sobre la inversión para cada activo a fin de evaluar su rendimiento en relación con las expectativas.
- **Reequilibrio de cartera:** Reevaluar periódicamente la distribución de tus inversiones para mantener un equilibrio adecuado a tu tolerancia al riesgo y a tus objetivos.

Interpretación de anomalías:

Las anomalías en tus datos financieros pueden indicar errores u oportunidades de ajuste:

- **Transacciones inusuales:** Busca transacciones inusuales o errores de registro que puedan distorsionar tu análisis.
- **Oportunidades de ahorro:** Identifica períodos o categorías donde se puedan realizar ahorros, como suscripciones no utilizadas.

Uso de gráficos y visualizaciones:

Los gráficos y los cuadros pueden hacer que el análisis de datos financieros sea más accesible e intuitivo:

- **Gráficos de líneas:** Usa gráficos de líneas para visualizar las tendencias de tus flujos de caja a lo largo del tiempo.
- **Diagramas circulares:** Los diagramas circulares muestran la distribución de los gastos por categoría.
- **Gráficos de barras:** Compara los gastos mensuales o anuales lado a lado para evaluar las variaciones.

Conclusión y acciones recomendadas:

Sobre la base de tu análisis e interpretación, establece un plan de acción concreto para mejorar tu situación financiera:

- **Acciones correctivas inmediatas:** Toma medidas inmediatas para corregir las desviaciones importantes o las anomalías identificadas.
- **Estrategias a largo plazo:** Desarrolla estrategias a largo plazo para alcanzar tus objetivos financieros, como aumentar tu tasa de ahorro o diversificar tus inversiones.
- **Monitoreo continuo:** Planifica sesiones regulares de revisión financiera para seguir la evolución de tu situación y ajustar tus planes en consecuencia.

Al aplicar estas técnicas de análisis e interpretación a los datos financieros recopilados, estarás mejor equipado para navegar por el complejo paisaje de la gestión financiera personal y para tomar decisiones que fomenten la salud financiera y la realización de tus objetivos económicos.

3.5 Estudio de caso práctico de seguimiento financiero

Para ilustrar concretamente los conceptos de seguimiento financiero, examinaremos un estudio de caso práctico. Este estudio de caso detalla cómo una persona puede seguir sus finanzas, analizar los datos y ajustar su presupuesto para alcanzar sus objetivos financieros.

Perfil de la persona:
- Nombre: María
- Edad: 35 años
- Estado civil: Soltera
- Profesión: Desarrolladora de software
- Ingreso mensual neto: 3,500 €

Paso 1: Recopilación de información financiera

María comienza por reunir toda la información sobre sus ingresos y gastos:

Ingresos:
- Salario principal: 3,500 €

Gastos fijos:
- Alquiler: 1,000 €
- Seguro de vivienda: 50 €
- Seguro de coche: 80 €
- Servicios públicos: 150 €
- Teléfono/Internet: 50 €
- Préstamo estudiantil: 200 €

Total de gastos fijos: 1,530 €

Gastos variables:
- Comida: 300 €
- Transporte (gasolina): 100 €

- Ocio: 150 €
- Restaurantes: 100 €
- Ropa: 100 €
- Salud y bienestar: 50 €
- Otros: 100 €

Total de gastos variables: 900 €

Gastos ocasionales:
- Reparaciones de coche: 50 €
- Regalos: 100 €
- Gastos médicos: 50 €

Total de gastos ocasionales: 200 €

Ahorro e inversiones:
- Fondo de emergencia: 300 €
- Ahorro para la jubilación: 200 €
- Inversiones: 200 €

Total de ahorro e inversiones: 700 €

Paso 2: Seguimiento diario y semanal de los gastos

María utiliza una aplicación de gestión financiera para registrar cada gasto. Ella categoriza todas sus transacciones, lo que le permite tener una visión clara y precisa de sus gastos diarios y semanales.

Paso 3: Análisis mensual de los datos financieros

Al final del mes, María analiza sus datos:

- Ingreso total: 3,500 €
- Gastos totales: 1,530 € (fijos) + 900 € (variables) + 200 € (ocasionales) = 2,630 €
- Total de ahorro e inversión: 700 €
- Saldo disponible: 3,500 € - 2,630 € - 700 € = 170 €

María nota que tiene un saldo disponible de 170 €.

Paso 4: Comparación con el presupuesto inicial

María compara los gastos reales con el presupuesto previsto y nota desviaciones en algunas categorías:

- Los gastos variables en ocio excedieron en 50 € respecto a los 150 € previstos.
- Los gastos ocasionales en regalos excedieron en 50 € respecto a los 100 € previstos, debido a una fiesta de cumpleaños imprevista.

Paso 5: Ajustes basados en el análisis

María decide reajustar su presupuesto para el mes siguiente teniendo en cuenta las desviaciones:

- Reduce el presupuesto de ocio en 50 € y aumenta el presupuesto de regalos en 50 € para prepararse para eventos imprevistos.
- Agrega una nueva categoría de gasto "Eventos sociales" con una asignación mensual de 100 €, lo que le permitirá anticipar mejor los gastos relacionados con fiestas y recepciones.

Nuevo presupuesto de categorías ajustadas:

Gastos variables ajustados:

- Ocio: 100 €
- Eventos sociales: 100 €

Paso 6: Seguimiento de los objetivos financieros

María se asegura de que sus objetivos financieros estén bien alineados con sus gastos reales:

- Continúa ahorrando 500 € cada mes para su fondo de emergencia y su ahorro para la jubilación.
- Los 170 € restantes cada mes se compartirán entre proyectos de inversión adicionales y ahorro específico para vacaciones.

Paso 7: Uso de gráficos para visualizar los datos

María utiliza las funciones gráficas de su aplicación financiera para visualizar sus datos:

- Un gráfico circular muestra la distribución de sus gastos por categoría.
- Un gráfico de líneas compara sus gastos reales y previstos para cada categoría de presupuesto en curso.

Paso 8: Plan de acción para el mes siguiente

Con la información recopilada y analizada, María planifica el mes siguiente:

- Mantiene un ojo en las categorías de gastos variables y ocasionales para verificar si los ajustes traen los resultados esperados.
- Planifica revisiones financieras semanales para asegurarse de que sigue el nuevo presupuesto ajustado.

El estudio de caso de María demuestra cómo seguir, analizar e interpretar eficazmente los datos financieros puede llevar a ajustes precisos en el presupuesto. Esto permite una gestión proactiva y efectiva, ayudando a alcanzar los objetivos financieros mientras se anticipan y se adaptan a los imprevistos.

CAPÍTULO 4: HERRAMIENTAS Y APLICACIONES PARA LA GESTIÓN DEL DINERO

Una gestión financiera eficaz requiere el uso de herramientas adecuadas. En este capítulo, exploraremos las diferentes aplicaciones móviles y en línea que pueden simplificar la gestión de sus finanzas personales, ofreciéndole medios prácticos para seguir sus gastos, planificar sus presupuestos y alcanzar sus objetivos financieros con mayor facilidad.

4.1 Presentación de las herramientas tradicionales

Las herramientas tradicionales de gestión financiera siguen siendo métodos probados y eficaces para seguir y organizar sus finanzas personales. Ofrecen simplicidad y accesibilidad, especialmente para aquellos que prefieren un enfoque manual y tangible para la gestión del dinero.

Libros de cuentas

Los libros de cuentas son una de las herramientas más básicas y accesibles para seguir sus finanzas. Consisten simplemente en un cuaderno o libreta donde puede registrar todas sus transacciones financieras:

- **Simplicidad de uso:** Solo necesita un bolígrafo y un cuaderno para comenzar. Cada gasto e ingreso se anota a mano, permitiendo una visión clara y ordenada.
- **Personalización:** Puede organizar el cuaderno en secciones para diferentes tipos de gastos e ingresos, colorearlo a su gusto y hacerlo tan detallado como sea necesario.
- **Accesibilidad:** No necesita una computadora ni internet, lo que hace que esta herramienta sea ideal para un uso rápido y en movimiento.

Ventajas:

- Simplicidad: Fácil de usar sin necesidad de habilidades técnicas.
- Personalización: Permite una gestión personalizada y creativa de las finanzas.
- No necesita internet: Completamente offline, ideal para quienes prefieren evitar lo digital.

Inconvenientes:

- Precisión: Riesgo de errores humanos al registrar manualmente las transacciones.
- Consumo de tiempo: La entrada manual de datos puede llevar mucho tiempo.
- Falta de visualización: Difícil de generar informes o gráficos

detallados.

Hojas de cálculo de Excel

Las hojas de cálculo como Excel ofrecen una mayor flexibilidad y capacidades de cálculo automatizado, manteniendo una relativa simplicidad de uso:

- **Organización de datos:** Excel permite crear tablas personalizadas para registrar sus gastos, ingresos y calcular automáticamente sus totales mensuales, semanales o anuales.
- **Funciones de cálculo:** Gracias a las fórmulas integradas, puede calcular fácilmente sumas, promedios y otras estadísticas financieras importantes, lo que simplifica en gran medida el análisis de sus datos.
- **Visualización:** Excel también permite generar gráficos y paneles de control para una visualización clara de su situación financiera. Puede crear gráficos de barras, de líneas o circulares para presentar sus datos de manera visual e intuitiva.

Ventajas:

- Flexibilidad: Altamente personalizable con fórmulas y macros.
- Automatización: Permite cálculos automáticos y análisis avanzados.
- Visualización: Capacidad de crear gráficos y paneles visuales.

Inconvenientes:

- Curva de aprendizaje: Puede ser complejo para aquellos que no están familiarizados con Excel.
- Error humano: Riesgo de errores si las fórmulas están mal configuradas.
- Accesibilidad: Necesita una computadora o una aplicación móvil para acceder.

Libros contables

Los libros contables adoptan la forma de los libros de cuentas, pero con un enfoque más estructurado y detallado:

- **Estructura formal:** Los libros contables suelen estar preimpresos con columnas para fechas, descripciones de transacciones, montos debitados y acreditados, facilitando así la categorización y el seguimiento de las transacciones.

- **Mayor precisión:** Utilizados comúnmente en la contabilidad profesional, los libros contables ayudan a mantener una precisión rigurosa en la gestión de sus finanzas personales.

Ventajas:

- Estructura: Preimpresos con columnas para una entrada organizada.
- Precisión: Utilizados comúnmente en contabilidad profesional por su rigor.

Inconvenientes:

- Rigidez: Menos flexibilidad para personalizarlos según sus necesidades específicas.
- Falta de visualización y automatización: No permite un análisis avanzado o generación automática de informes.

Carpetas físicas de recibos

Conservar carpetas físicas para organizar y almacenar sus recibos puede ser útil para la verificación de gastos y la preparación de impuestos:

- **Organización sistemática:** Clasifique los recibos por categorías de gastos o por periodo (mes, trimestre), lo que facilita la referencia posterior.
- **Prueba de compra:** Guardar recibos es importante para reembolsos o intercambios, así como para la documentación fiscal.

Calendarios financieros

Los calendarios financieros ayudan a planificar y recordar eventos financieros importantes como fechas de vencimiento de facturas, pagos de préstamos y objetivos de ahorro:

- **Planificación visual:** Los calendarios permiten ver de un vistazo las fechas importantes, facilitando la gestión del flujo de caja y la anticipación de necesidades financieras.
- **Recordatorios de pagos:** Al marcar las fechas de vencimiento de los pagos en el calendario, evita olvidos que podrían resultar en cargos por pagos atrasados o penalizaciones.

Sobres presupuestarios

El uso físico de sobres para gestionar sus finanzas es un método tradicional muy eficaz para controlar los gastos:

- **Asignación precisa:** Coloque dinero en efectivo en sobres dedicados a diferentes categorías de gastos (comestibles, ocio, transporte, etc.). Una vez agotado el dinero de un sobre, no se puede hacer más gasto en esa categoría hasta el mes siguiente.
- **Disciplina financiera:** Este método impone un límite estricto a cada categoría de gasto, facilitando la gestión de su presupuesto global.

Diarios personales de finanzas

Llevar un diario personal de finanzas añade una dimensión reflexiva a la gestión financiera. Anote no solo las transacciones, sino también las observaciones y reflexiones financieras:

- **Reflexión y análisis:** Además de registrar las transacciones, puede reflexionar sobre sus hábitos de gasto, anotar los desafíos financieros encontrados y evaluar su progreso hacia sus objetivos financieros.
- **Documentación completa:** Este diario puede servir como documento de referencia para comprender las motivaciones detrás de sus decisiones financieras y adaptar sus estrategias en consecuencia.

Las herramientas tradicionales de gestión financiera aún tienen su lugar en un mundo cada vez más digital. Su simplicidad y accesibilidad las convierten en opciones valiosas para aquellos que desean un enfoque tangible y adaptable a la gestión de sus finanzas personales. Establecen bases sólidas necesarias para una disciplina financiera rigurosa y un mayor control de sus recursos.

4.2 Aplicaciones móviles y en línea

Las aplicaciones móviles y en línea ofrecen soluciones modernas y prácticas para la gestión de las finanzas personales. Permiten seguir fácilmente los ingresos, los gastos y las inversiones, ofreciendo una gama de funcionalidades para una gestión financiera más eficaz e informada.

Mint

Mint es una de las aplicaciones de gestión financiera más populares. Centraliza toda su información financiera en un solo lugar:

- **Sincronización de cuentas:** Conecte sus cuentas bancarias, de crédito, préstamos e inversión para una vista unificada.
- **Categorización automática:** Mint categoriza automáticamente sus transacciones, facilitando el seguimiento de sus gastos por categoría.
- **Presupuestación:** Cree presupuestos personalizados y reciba alertas cuando se acerque o supere sus límites.
- **Informes y análisis:** Gráficos e informes detallados ofrecen una vista clara de su situación financiera y de sus hábitos de gasto.

Ventajas:

- Centralización: Toda la información financiera en un solo lugar.
- Automatización: Categorización automática de transacciones.
- Informes detallados: Gráficos y análisis para ver rápidamente sus finanzas.

Inconvenientes:

- Seguridad y privacidad: Riesgo potencial al conectar múltiples cuentas financieras.
- Complejidad inicial: Puede requerir un tiempo de adaptación.

You Need A Budget (YNAB)

YNAB es una aplicación centrada en el método de presupuestación de cero. Ayuda a los usuarios a asignar cada euro de sus ingresos a

categorías específicas antes de gastarlos:
- **Asignación proactiva:** Planifique cada euro de su presupuesto para cubrir gastos actuales y futuros.
- **Gestión de deudas:** YNAB ofrece herramientas para seguir y pagar las deudas de manera organizada.
- **Informes de progreso:** Siga su progreso hacia sus objetivos financieros con informes y gráficos claros.
- **Formación integrada:** Acceda a talleres en línea y guías para mejorar su conocimiento y práctica financiera.

Ventajas:
- Presupuestación proactiva: Fomenta la planificación y asignación proactiva de ingresos.
- Formación incluida: Acceso a talleres y guías para mejorar las habilidades financieras.

Inconvenientes:
- Costo: Puede ser más caro en comparación con otras aplicaciones gratuitas.
- Tiempo de configuración: Puede llevar tiempo adaptarse al método de presupuestación de cero.

PocketGuard

PocketGuard simplifica la gestión del dinero mostrándole cuánto le queda para gastar después de cubrir sus necesidades y contribuciones de ahorro:
- **In My Pocket:** Una funcionalidad que calcula cuánto le queda para gastar después de tener en cuenta sus ingresos, gastos y objetivos de ahorro.
- **Sincronización bancaria:** Conecte sus cuentas de manera segura para automatizar el seguimiento de los gastos.
- **Alertas y notificaciones:** Reciba alertas para gastos importantes, pagos de facturas y otras transacciones cruciales.
- **Categorías personalizadas:** Cree y gestione categorías de gastos que se ajusten a su estilo de vida.

Ventajas:
- Simplicidad: Interfaz simplificada y fácil de usar.
- Seguimiento de gastos en tiempo real: "In My Pocket" muestra

cuánto le queda para gastar.

Inconvenientes:
- Opciones de personalización limitadas: Menos flexibilidad en comparación con otras aplicaciones.
- Funcionalidades avanzadas limitadas: Menos adecuado para una gestión financiera compleja.

Goodbudget

Goodbudget utiliza el método de los sobres presupuestarios, pero en versión digital:
- **Sobres virtuales:** Divida sus ingresos en sobres virtuales para diferentes categorías de presupuesto.
- **Sincronización multi-dispositivo:** Siga su presupuesto en varios dispositivos, útil para parejas y familias que comparten la gestión financiera.
- **Informes de gastos:** Analice sus hábitos de gasto con informes detallados y gráficos.
- **Planificación de deudas:** Herramientas específicas para planificar y seguir el pago de deudas.

Ventajas:
- Modelo de sobres: Ayuda a controlar los gastos por categorías específicas.
- Sincronización: Práctico para parejas o familias que comparten la gestión financiera.

Inconvenientes:
- Interfaz menos sofisticada: Puede parecer básica en comparación con aplicaciones más robustas.
- Gestión manual de sobres: Requiere una entrada manual regular.

EveryDollar

EveryDollar es una aplicación de presupuestación basada en el método de presupuestación de cero desarrollado por Dave Ramsey:
- **Simplicidad:** Interfaz simple e intuitiva para crear y seguir un presupuesto mensual.
- **Conexión bancaria (versión paga):** Sincronice sus

- cuentas bancarias para una importación automática de transacciones.
- **Seguimiento de gastos:** Registre fácilmente cada gasto y siga su progreso en tiempo real.
- **Móvil y web:** Disponible en versión móvil y web para una flexibilidad de uso.

Ventajas:
- Simplicidad de uso: Interfaz intuitiva para crear y seguir un presupuesto.
- Orientación práctica: Basado en principios probados de gestión de finanzas personales.

Inconvenientes:
- Funcionalidades limitadas en la versión gratuita: Algunas funcionalidades avanzadas requieren una suscripción paga.
- Integración bancaria limitada en la versión gratuita: La sincronización de cuentas es paga.

Spendee

Spendee se centra en la gestión de las finanzas personales con una interfaz amigable y colorida:

- **Carteras compartidas:** Cree carteras compartidas con miembros de la familia o compañeros de habitación para gestionar los gastos comunes.
- **Importación de datos:** Importe sus transacciones bancarias, o agréguelas manualmente.
- **Presupuestación:** Establezca presupuestos personalizados para cada categoría de gasto.
- **Informes visuales:** Gráficos e infografías para un análisis visual de sus finanzas.

Ventajas:
- Interfaz visual: Interfaz colorida y agradable para seguir las finanzas.
- Carteras compartidas: Ideal para la gestión financiera en grupo.

Inconvenientes:
- Menos herramientas avanzadas: Menos funcionalidades avanzadas para el análisis financiero en comparación con

otras aplicaciones.
- Funcionalidades pagas: Algunas funcionalidades útiles pueden requerir una suscripción paga.

Money Manager

Money Manager ofrece funcionalidades avanzadas para una gestión detallada de las finanzas:

- **Transacciones recurrentes:** Programación de transacciones recurrentes, como salarios o pagos de préstamos.
- **Generación de informes:** Informes detallados por tipo de gasto, categoría, cuenta, etc.
- **Sincronización entre dispositivos:** Siga sus finanzas desde varios dispositivos.
- **Funciones de préstamo y crédito:** Siga los préstamos otorgados o recibidos y su reembolso.

Ventajas:

- Sigue todas las transacciones: Programación de transacciones recurrentes para una mayor automatización.
- Gestión detallada de las finanzas: Herramientas para seguir préstamos, depósitos y retiros.

Inconvenientes:

- Interfaz compleja: Puede no ser tan fácil de usar para principiantes.
- Sincronización limitada: La sincronización a veces está limitada a ciertos dispositivos o plataformas.

Personal Capital

Personal Capital va más allá de la simple presupuestación ofreciendo herramientas robustas de gestión de inversiones:

- **Vista general financiera:** Conecte todas sus cuentas bancarias e inversiones para una vista global de su patrimonio.
- **Gestión de inversiones:** Siga el rendimiento de sus inversiones con herramientas detalladas.
- **Planificación de la jubilación:** Herramientas específicas para planificar su ahorro para la jubilación y evaluar si está en el camino correcto.
- **Asesoramiento financiero:** Acceda a asesoramiento

financiero personalizado para optimizar sus inversiones.

Ventajas:
- Vista global: Integración de cuentas bancarias e inversiones para una vista completa.
- Herramientas de inversión: Funcionalidades avanzadas para la gestión de inversiones.

Inconvenientes:
- Complejidad: Puede ser demasiado complejo para quienes buscan una simple gestión de presupuesto.
- Orientado a la inversión: Menos adecuado para aquellos que solo se centran en la presupuestación.

Wally

Wally se centra en la internacionalización y la gestión de gastos personales:
- **Opciones de presupuesto:** Cree presupuestos para diferentes grupos de gastos, ahorros e incluso para viajes.
- **Seguimiento global:** Ideal para usuarios internacionales con soporte para múltiples monedas.
- **Escáner de recibos:** Escanee recibos para una entrada rápida y precisa de gastos.
- **Compartir en familia:** Funcionalidades para compartir presupuestos y seguir los gastos familiares.

Ventajas:
- Adaptabilidad internacional: Soporte para múltiples monedas, ideal para usuarios internacionales.
- Escáner de recibos: Funcionalidad práctica para registrar gastos rápidamente.

Inconvenientes:
- Interfaz de usuario: Puede no ser tan intuitiva como otras aplicaciones.
- Menos funcionalidades avanzadas: Menos capacidades de análisis sofisticadas.

Elaborar y mantener un presupuesto preciso, seguir los gastos en tiempo real y analizar los hábitos financieros son facilitados por estas aplicaciones. Ofrecen una combinación de simplicidad de uso y funcionalidades avanzadas, permitiendo dominar sus finanzas personales de manera eficaz e intuitiva. Al integrar estas herramientas en su rutina financiera, puede mejorar la transparencia, la gestión y la optimización de su dinero.

4.3 Elegir las herramientas adecuadas según sus necesidades

La elección de las herramientas de gestión financiera debe estar informada por una comprensión precisa de sus necesidades personales y objetivos financieros. Aquí le mostramos cómo determinar las herramientas más adecuadas para diferentes situaciones y estilos de vida.

Para principiantes en gestión de presupuesto

Herramientas recomendadas:
- Libros de cuentas: La simplicidad de esta herramienta la convierte en una excelente opción para quienes empiezan a seguir sus finanzas.
- Goodbudget: El enfoque de los sobres presupuestarios ayuda a los principiantes a controlar sus gastos.

Características buscadas:
- Facilidad de uso: La herramienta debe ser simple e intuitiva para evitar frustraciones.
- Soporte educativo: Las herramientas que ofrecen guías o tutoriales pueden ayudar a comprender mejor los fundamentos de la gestión financiera.

Para quienes desean seguir cada euro

Herramientas recomendadas:
- You Need A Budget (YNAB): El método de presupuestación proactiva ayuda a asignar cada euro antes de gastarlo.
- PocketGuard: Ofrece seguimiento en tiempo real y muestra cuánto le queda para gastar después de cubrir sus necesidades y contribuciones de ahorro.

Características buscadas:
- Categorización detallada: La herramienta debe permitir una clasificación precisa de los gastos.
- Seguimiento en tiempo real: Actualizaciones en tiempo real ayudan a seguir exactamente a dónde va cada euro.

Para familias o grupos

Herramientas recomendadas:

- Goodbudget: Compatible con varios usuarios, ideal para parejas y familias.
- Spendee: Permite crear carteras compartidas para gestionar gastos comunes.

Características buscadas:
- Sincronización multi-dispositivo: Importante para que todos los miembros del grupo puedan acceder y actualizar el presupuesto.
- Compartir datos: Funcionalidades que permitan compartir fácilmente datos financieros con otros miembros.

Para profesionales con varios empleos

Herramientas recomendadas:
- Mint: Centraliza la información financiera de varias cuentas y empleos en un solo lugar.
- Money Manager: Ofrece un seguimiento detallado de las transacciones y los ingresos de diferentes fuentes.

Características buscadas:
- Gestión multi-cuentas: La herramienta debe gestionar varias cuentas y fuentes de ingresos eficazmente.
- Automatización de entradas: La capacidad de importar automáticamente transacciones de diversas fuentes facilita la gestión.

Para aquellos con habilidades avanzadas en gestión financiera

Herramientas recomendadas:
- Excel: Permite una personalización máxima con fórmulas y macros.
- Personal Capital: Herramientas robustas para la gestión de inversiones además de la presupuestación.

Características buscadas:
- Análisis avanzado: Herramientas que ofrezcan capacidades de análisis y visualización sofisticadas.
- Personalización: Permite crear tablas y gráficos personalizados para análisis específicos.

Para quienes buscan reducir su endeudamiento

Herramientas recomendadas:

- You Need A Budget (YNAB): Diseñado para ayudar a pagar las deudas de manera organizada.
- EveryDollar: Enfocado en principios de gestión de finanzas personales para evitar deudas.

Características buscadas:
- Planificación de la deuda: Funcionalidades específicas para seguir y planificar el pago de deudas.
- Seguimiento del progreso: Capacidades para generar informes detallados sobre el progreso en el pago de deudas.

Para usuarios internacionales

Herramientas recomendadas:
- Wally: Soporte para múltiples monedas, ideal para quienes viajan frecuentemente.
- Spendee: También adecuado para la gestión multi-divisa y carteras compartidas.

Características buscadas:
- Soporte multi-divisa: Importante para seguir las finanzas en diferentes monedas.
- Accesibilidad mundial: La herramienta debe ser accesible y utilizable en cualquier lugar.

Para inversores activos

Herramientas recomendadas:
- Personal Capital: Herramientas avanzadas para seguir y gestionar inversiones.
- Quicken: Además de la presupuestación, ofrece funcionalidades completas para la gestión de inversiones.

Características buscadas:
- Análisis de inversiones: Funcionalidades para analizar el rendimiento de las inversiones.
- Reequilibrio de cartera: Capacidades para ayudar en el reequilibrio regular de carteras.

Al elegir herramientas adaptadas a sus necesidades específicas, optimiza la gestión de sus finanzas personales. Ya sea que sea un principiante, miembro de una familia, profesional con varias fuentes de ingresos o inversor activo, existen herramientas diseñadas para ayudarlo a alcanzar sus objetivos financieros de manera eficaz y estructurada.

4.4 Seguridad de los datos financieros en línea

Con el creciente uso de aplicaciones móviles y herramientas en línea para la gestión financiera, la seguridad de los datos personales y financieros se ha convertido en una preocupación importante. Proteger su información sensible es esencial para prevenir fraudes y robos de identidad. Aquí están las principales medidas y prácticas para asegurar la seguridad de sus datos financieros en línea.

Uso de contraseñas seguras

Una contraseña segura es la primera línea de defensa contra las intrusiones:

- **Complejidad:** Use contraseñas complejas compuestas de letras mayúsculas y minúsculas, números y símbolos.
- **Única:** Cada cuenta debe tener una contraseña única para evitar que una compromisión de contraseña afecte a varias cuentas.
- **Renovación regular:** Cambie sus contraseñas periódicamente para reforzar la seguridad.

Autenticación de dos factores (2FA)

La autenticación de dos factores añade una capa adicional de seguridad:

- **Códigos desechables:** Además de la contraseña, se requiere un código único enviado por SMS o generado por una aplicación de autenticación para acceder a sus cuentas.
- **Biometría:** El uso de reconocimiento facial o huellas dactilares en dispositivos compatibles añade seguridad biométrica.

Seguridad de los dispositivos

Asegúrese de que los dispositivos utilizados para acceder a sus datos financieros estén seguros:

- **Actualizaciones regulares:** Mantenga sus sistemas operativos y aplicaciones actualizados con las últimas actualizaciones de seguridad.

- **Antivirus:** Use software antivirus y antimalware para proteger contra amenazas en línea.
- **Bloqueo de dispositivos:** Use contraseñas, códigos PIN o datos biométricos para bloquear sus dispositivos.

Uso de conexiones seguras

Acceda a sus cuentas financieras solo a través de conexiones seguras:

- **HTTPS:** Asegúrese de que los sitios web financieros utilicen el protocolo HTTPS, que cifra los datos transmitidos entre su navegador y el sitio web.
- **Wi-Fi seguro:** Evite acceder a sus cuentas financieras a través de redes Wi-Fi públicas. Use redes privadas y seguras o una conexión VPN (red privada virtual) para una capa adicional de protección.

Supervisión y alertas

Active las alertas para supervisar cualquier actividad sospechosa en sus cuentas:

- **Notificaciones instantáneas:** Configure notificaciones para transacciones inusuales o intentos de inicio de sesión desde dispositivos no reconocidos.
- **Revisión regular:** Revise regularmente su historial de transacciones para identificar cualquier actividad no autorizada.

Uso de aplicaciones de confianza

Descargue y use solo aplicaciones de gestión financiera reputadas y confiables:

- **Investigación previa:** Verifique las opiniones, calificaciones y antecedentes de los desarrolladores antes de descargar una nueva aplicación.
- **Sitios oficiales:** Descargue aplicaciones solo desde tiendas de aplicaciones oficiales (App Store, Google Play).

Protección de la información personal

Sea cauteloso con la información personal que comparte en línea:

- **Phishing:** Tenga cuidado con correos electrónicos, enlaces o archivos adjuntos sospechosos que puedan intentar recopilar sus datos personales.

- **Identidad digital:** Nunca comparta sus contraseñas o información de inicio de sesión con nadie. Tenga cuidado con la información que comparte en las redes sociales.

Cifrado de datos

Los datos sensibles deben estar cifrados para evitar que sean interceptados y utilizados de manera maliciosa:

- **Cifrado de dispositivos:** Use cifrado para asegurar los datos almacenados en sus dispositivos móviles y computadoras.
- **Cifrado de transmisiones:** Asegúrese de que las comunicaciones entre sus dispositivos y los servidores de las aplicaciones financieras estén cifradas.

Copias de seguridad regulares

Realice copias de seguridad regulares de sus datos financieros para prevenir su pérdida:

- **Nube segura:** Use servicios de almacenamiento en la nube seguros para respaldar su información financiera.
- **Almacenamiento local:** Conserve copias de respaldo cifradas en discos duros externos seguros.

Cuidado con las autorizaciones de aplicaciones

Tenga cuidado con las autorizaciones que concede a las aplicaciones móviles:

- **Permisos mínimos:** Conceda solo los permisos necesarios para el funcionamiento de la aplicación.
- **Revisiones frecuentes:** Revise regularmente los permisos concedidos a las aplicaciones y revoque los que ya no sean necesarios.

Documentación y seguimiento de accesos

Mantenga un registro de los accesos concedidos y las modificaciones realizadas en sus cuentas:

- **Registros de acceso:** Use registros de acceso para seguir todas las conexiones a sus cuentas financieras.
- **Historial de modificaciones:** Conserve un historial de las modificaciones importantes realizadas en sus configuraciones de seguridad.

Al aplicar estas medidas de seguridad, puede proteger sus

datos financieros contra amenazas en línea y garantizar que su información sensible esté segura. La vigilancia constante y el uso de las mejores prácticas de seguridad son esenciales para una gestión segura y eficaz de sus finanzas personales en línea.

CAPÍTULO 5: ADOPTAR UN COMPORTAMIENTO FINANCIERO POSITIVO

C omprender el comportamiento financiero es esencial para dominar y respetar su presupuesto. Este último capítulo le ayudará a identificar y superar los sesgos conductuales, mientras desarrolla hábitos financieros positivos. Aprenderá a adoptar un enfoque más reflexivo y disciplinado para una gestión financiera óptima y sostenible.

5.1. Introducción al Comportamiento Financiero

Importancia de la Psicología en la Gestión Financiera

La gestión de las finanzas personales no se basa únicamente en cifras y cálculos. En realidad, gran parte de nuestro éxito financiero depende de nuestro comportamiento y hábitos en relación con el dinero. La psicología financiera, que estudia cómo nuestras emociones y percepciones influyen en nuestras decisiones financieras, juega un papel crucial en nuestra capacidad para gestionar eficazmente nuestro presupuesto.

Las decisiones financieras que tomamos a diario están a menudo influenciadas por sesgos cognitivos y emocionales. Por ejemplo, sentimientos de sobreconfianza pueden llevarnos a subestimar nuestros gastos o a sobreestimar nuestra capacidad para pagar deudas. Del mismo modo, emociones como el miedo o el estrés pueden conducir a decisiones impulsivas, como la compra de bienes no esenciales para sentirse mejor.

Comprender estas influencias psicológicas nos permite tomar conciencia de las trampas potenciales y desarrollar estrategias para evitarlas. Adoptando comportamientos financieros saludables e integrando prácticas reflexivas en nuestra gestión diaria, no solo podemos dominar nuestro presupuesto, sino también alcanzar nuestros objetivos financieros de manera más eficaz y sostenible.

Objetivos del Capítulo

Este capítulo tiene como objetivo ayudar a los lectores a adoptar un comportamiento financiero positivo para dominar y respetar su presupuesto. Exploraremos los principales sesgos conductuales que pueden obstaculizar una gestión financiera saludable y propondremos estrategias para desarrollar hábitos financieros positivos. Finalmente, discutiremos técnicas específicas para seguir y ajustar el presupuesto, así como herramientas y aplicaciones que pueden facilitar este proceso.

Al comprender y dominar los aspectos psicológicos de la gestión financiera, estará mejor preparado para tomar decisiones informadas, evitar trampas comunes y establecer prácticas sostenibles que le permitirán mantenerse fiel a su presupuesto. Ya sea que sea nuevo en la gestión financiera o que busque mejorar sus habilidades existentes, este capítulo le proporcionará el conocimiento y las herramientas necesarias para tener éxito.

5.2 Comprender los Sesgos Conductuales

Explicaciones

Los sesgos conductuales son tendencias cognitivas que influyen en la forma en que tomamos decisiones, a menudo de manera inconsciente. En el ámbito de la gestión financiera, estos sesgos pueden llevarnos a tomar decisiones que no siempre son racionales u óptimas. Comprender estos sesgos es el primer paso para superarlos y mejorar nuestro comportamiento financiero.

Sesgo de Sobreconfianza

El sesgo de sobreconfianza se manifiesta cuando sobreestimamos nuestro conocimiento, nuestras habilidades o nuestra capacidad para prever el futuro. En finanzas, esto puede conducir a decisiones imprudentes, como invertir en acciones riesgosas sin haber investigado lo suficiente o ignorar las advertencias de gastos excesivos.

Ejemplo: Una persona puede creer que es capaz de predecir los movimientos del mercado bursátil mejor que los expertos y, por lo tanto, invertir masivamente en acciones especulativas, lo que puede llevar a pérdidas financieras significativas.

Cómo superarlo: Reconocer que la incertidumbre es una parte integral de las decisiones financieras y esforzarse por tomar decisiones basadas en investigaciones exhaustivas y consejos de expertos.

Sesgo de Aversión a la Pérdida

La aversión a la pérdida es nuestra tendencia a preferir evitar las pérdidas en lugar de obtener ganancias equivalentes. Este sesgo puede hacernos demasiado cautelosos, impidiéndonos tomar decisiones financieras beneficiosas, o llevarnos a aferrarnos a inversiones perdedoras por miedo a concretar una pérdida.

Ejemplo: Un inversor puede dudar en vender una acción en baja para evitar realizar una pérdida, incluso si mantener esa inversión va en contra de sus intereses financieros a largo plazo.

Cómo superarlo: Concentrarse en los objetivos financieros a largo plazo y evaluar las decisiones de inversión de manera racional, teniendo en cuenta los datos y las tendencias en lugar de las emociones.

Anclaje y Sesgo de Statu Quo

El anclaje ocurre cuando nos apoyamos demasiado en la primera información recibida (la ancla) para tomar decisiones. El sesgo de statu quo, por su parte, es nuestra tendencia a preferir la situación actual y evitar el cambio, incluso cuando ese cambio sería beneficioso.

Ejemplo: Al establecer un presupuesto, una persona puede basarse en sus gastos pasados sin buscar ajustarlos u optimizarlos, aunque sus necesidades y objetivos hayan cambiado.

Cómo superarlo: Revisar regularmente sus finanzas y estar abierto a los ajustes necesarios en función de la nueva información y de los cambios en la situación personal o económica.

El Impacto de estos Sesgos en la Gestión Presupuestaria

Estos sesgos conductuales pueden afectar seriamente nuestra capacidad para establecer y respetar un presupuesto. Por ejemplo:

- **Sobreconfianza:** Puede llevar a gastos excesivos o inversiones imprudentes, superando el presupuesto previsto.
- **Aversión a la pérdida:** Puede impedir tomar decisiones financieras necesarias, como reasignar fondos o reducir gastos no esenciales.
- **Anclaje y Statu Quo:** Pueden mantener hábitos de gasto ineficaces e impedir la adaptación del presupuesto en función de los cambios en los ingresos o prioridades.

Al tomar conciencia de estos sesgos y adoptar estrategias para gestionarlos, puede mejorar su disciplina presupuestaria, tomar decisiones financieras más juiciosas y alcanzar sus objetivos financieros de manera más eficaz.

5.3 Estrategias para Desarrollar Hábitos Financieros Positivos

Fijación de Objetivos Presupuestarios Realistas

El primer paso para adoptar un buen comportamiento financiero es definir objetivos presupuestarios claros y realistas. Estos objetivos deben ser específicos, medibles, alcanzables, relevantes y limitados en el tiempo (SMART).

Ejemplo:
- **Objetivo específico:** "Ahorrar 500 € para un fondo de emergencia a fin de año."
- **Objetivo medible:** "Apartar 50 € cada mes."
- **Objetivo alcanzable:** Asegúrese de que este objetivo sea realista en función de sus ingresos y gastos actuales.
- **Objetivo relevante:** Un fondo de emergencia es esencial para la estabilidad financiera.
- **Objetivo limitado en el tiempo:** Fecha límite a fin de año.

Al definir tales objetivos, crea una hoja de ruta clara que guía sus decisiones financieras y le motiva a mantenerse disciplinado.

Creación de Rutinas Financieras Saludables

Las rutinas financieras saludables son hábitos regulares que facilitan la gestión de sus finanzas y le ayudan a mantenerse fiel a su presupuesto. Aquí hay algunas prácticas a adoptar:

Revisión Mensual de las Finanzas:
- Revise sus ingresos, gastos y ahorros cada mes.
- Compare los gastos reales con el presupuesto previsto.
- Identifique las discrepancias y ajuste el presupuesto si es necesario.

Ahorro Automático:
- Configure transferencias automáticas de su cuenta corriente a una cuenta de ahorros con cada pago.
- Esto asegura que el ahorro sea una prioridad antes que los gastos discrecionales.

Seguimiento de Gastos Diarios:

- Use una aplicación de gestión financiera para registrar y categorizar cada gasto.
- Esto le ayuda a llevar un registro preciso de sus hábitos de gasto e identificar áreas donde puede ahorrar.

Técnicas para Evitar los Gastos Impulsivos

Los gastos impulsivos pueden fácilmente descarrilar su presupuesto. Aquí hay algunas técnicas para evitarlos:

Lista de Compras:
- Haga una lista antes de ir de compras y cíñase a ella.
- Esto reduce las compras no planificadas y le ayuda a respetar su presupuesto.

Espera de 24 Horas:
- Si está considerando una compra no esencial, espere 24 horas antes de realizarla.
- Esto le da tiempo para reflexionar y decidir si la compra es realmente necesaria.

Limitación de la Exposición a Tentaciones:
- Evite navegar en sitios de compras en línea o visitar tiendas sin una intención de compra específica.
- Darse de baja de boletines publicitarios y notificaciones de promociones.

Importancia de la Educación Financiera Continua

La gestión financiera es una habilidad que mejora con el tiempo y el aprendizaje continuo. Aquí hay algunas maneras de continuar su educación:

Lecturas y Recursos:
- Lea libros y artículos sobre gestión financiera personal.
- Siga blogs y podcasts especializados en finanzas personales.

Talleres y Formaciones:
- Participe en talleres y seminarios sobre gestión financiera.
- Considere cursos en línea sobre temas financieros específicos.

Consultas con Expertos:
- Consulte a un asesor financiero para obtener consejos personalizados.

- Aproveche las consultas gratuitas que a menudo ofrecen los bancos y las instituciones financieras.

Adoptando estas estrategias, puede desarrollar hábitos financieros positivos que le ayudarán a dominar y respetar su presupuesto. La clave es la constancia y el compromiso con sus objetivos financieros, manteniendo la flexibilidad y estando dispuesto a ajustar su plan según sea necesario.

5.4 Técnicas para Respetar su Presupuesto

Seguimiento Regular de Gastos

Para respetar un presupuesto, es esencial seguir regularmente sus gastos. Esto le permite saber exactamente a dónde va su dinero e identificar rápidamente las discrepancias con respecto a su presupuesto inicial.

Métodos de Seguimiento:

- **Aplicaciones Móviles:** Use aplicaciones como Mint, YNAB, o PocketGuard para seguir automáticamente sus gastos. Estas aplicaciones pueden sincronizar sus cuentas bancarias y categorizar sus transacciones.
- **Hojas de Cálculo:** Si prefiere un enfoque manual, use hojas de cálculo como Excel o Google Sheets. Cree tablas para registrar sus ingresos y gastos, y actualícelas regularmente.
- **Cuadernos de Cuentas:** Para quienes prefieren un método más tradicional, llevar un cuaderno de cuentas puede ser efectivo. Anote cada gasto a medida que ocurra y clasifíquelos.

Frecuencia del Seguimiento:

- **Diariamente:** Registre sus gastos cada día para evitar acumular un gran número de transacciones al final del mes.
- **Semanalmente:** Revise sus gastos de la semana y compárelos con su presupuesto.
- **Mensualmente:** Haga un balance al final de cada mes para analizar sus hábitos de gasto y ajustar su presupuesto si es necesario.

Ajuste y Revisión del Presupuesto

Un presupuesto no es fijo; debe ser flexible y adaptable en función de sus necesidades y circunstancias cambiantes.

Análisis de Desviaciones:

- Compare sus gastos reales con los previstos en su presupuesto.
- Identifique las categorías donde ha excedido el presupuesto y

Ajustes:
aquellas donde ha gastado menos.

- Si excede regularmente el presupuesto en una categoría, aumente la asignación de esa categoría y reduzca la de otra menos prioritaria.
- Si tiene gastos imprevistos, ajuste su presupuesto para integrarlos sin desequilibrar sus finanzas.

Revisiones Periódicas:

- Revise su presupuesto cada mes para tener en cuenta las variaciones de ingresos y gastos.
- Ajuste sus objetivos financieros en función de los cambios de situación, como un aumento de salario o un nuevo gasto recurrente.

Uso de Herramientas y Aplicaciones de Gestión Financiera

Las herramientas y aplicaciones de gestión financiera pueden facilitar en gran medida el respeto de su presupuesto al automatizar el seguimiento y proporcionar análisis detallados.

Implementación de Mecanismos de Control

Para garantizar que respete su presupuesto, es útil implementar mecanismos de control.

Presupuestación por Sobres:

- Use sobres físicos o digitales para dividir su dinero en diferentes categorías de gastos.
- Una vez que el dinero de un sobre se agote, evite los gastos adicionales en esa categoría hasta el mes siguiente.

Cuentas Bancarias Separadas:

- Cree cuentas bancarias separadas para diferentes categorías de gastos, como facturas, ahorros y ocio.
- Esto le ayuda a visualizar más fácilmente cuánto dinero está disponible para cada tipo de gasto.

Limitación del Uso de Tarjetas de Crédito:

- Use principalmente tarjetas de débito o dinero en efectivo para evitar gastar dinero que no tiene.
- Si usa tarjetas de crédito, asegúrese de pagar el saldo completo cada mes para evitar intereses.

Adoptando estas técnicas, no solo puede crear un presupuesto realista, sino también respetarlo de manera coherente. La clave es la disciplina y la constancia en el seguimiento y ajuste de sus finanzas, utilizando las herramientas y estrategias que mejor se adapten a su estilo de vida y necesidades financieras.

CONCLUSIÓN

La gestión financiera personal es una habilidad esencial que influye profundamente en todos los aspectos de nuestra vida. Al comprender los fundamentos de la gestión financiera y adoptar prácticas presupuestarias sólidas, puede tomar el control de sus finanzas, prevenir deudas innecesarias y alcanzar sus objetivos económicos.

Establecer un presupuesto realista y seguirlo rigurosamente permite mantener un equilibrio entre ingresos y gastos, mientras se fomenta el ahorro y la inversión. El uso eficaz de las herramientas modernas, ya sean tradicionales o digitales, hace que este proceso sea más accesible y eficiente. Al analizar regularmente sus datos financieros y ajustar sus estrategias según sea necesario, mejorará continuamente su situación financiera.

El capítulo sobre el comportamiento financiero destacó la importancia de comprender y gestionar los sesgos conductuales que pueden afectar nuestras decisiones financieras. Adoptando hábitos financieros positivos y siendo consciente de las influencias psicológicas, estará mejor equipado para mantener un presupuesto equilibrado y alcanzar sus objetivos financieros de manera sostenible.

Elegir las herramientas adecuadas según sus necesidades y asegurarse de la seguridad de sus datos financieros es crucial en un mundo cada vez más digital. Ya sea que sea un principiante o un experto en gestión financiera, existen soluciones adaptadas a cada perfil que le ayudarán a navegar su camino financiero con confianza y seguridad.

Su viaje hacia una mejor gestión financiera es un proceso continuo que requiere perseverancia y disciplina. Al aplicar los principios y técnicas compartidos en esta guía, puede construir una base sólida para su futuro financiero. Tómese el tiempo para reevaluar regularmente sus progresos, celebre sus éxitos y ajuste sus planes para superar los desafíos. Con conocimientos sólidos y herramientas adecuadas, está bien equipado para alcanzar sus objetivos y vivir una vida financieramente estable y satisfactoria.

Si esta guía le ha sido útil, le animo a dejar una calificación y un comentario. Su opinión es valiosa y ayudará a otros lectores a descubrir y beneficiarse de este libro. ¡Gracias por su confianza y buena gestión financiera!

www.ingramcontent.com/pod-product-compliance
Lightning Source LLC
Chambersburg PA
CBHW071949210526
45479CB00003B/862